Veit Quack

Der Baikal

Veit Quack

Der Baikal

Oder: Die Zukunft in 100 Jahren

Goldene Rakete Verlag für Belletristik

Imprint

Cover image: www.ingimage.com

Publisher:
Goldene Rakete Verlag für Belletristik
is a trademark of
International Book Market Service Ltd., member of OmniScriptum Publishing Group
17 Meldrum Street, Beau Bassin 71504, Mauritius

Printed at: see last page
ISBN: 978-620-2-44475-0

DER BAIKAL

oder: Die Zukunft in 100 Jahren

Ein Reisebericht

EINLEITUNG

Ein Reporter im Sinn des lateinischen Wortes (*re-portare* -zurückbringen) ist ein Mensch, der in die Fremde zieht und etwas nach Hause zurückbringt: Neuigkeiten, Bemerkenswertes und Geschichten aus fremden fernen Ländern. Ich bin Aufnahmeleiter, also auch ein Reporter. Durch meinen Beruf bin ich viel in der Welt herumgekommen. Die Berichterstattung über den Sport ist mein Beruf und hält meine Kollegen und mich lange Tage an den Venues beschäftigt. Das ist eine Arbeit, die extrem viel Spaß macht, weil die Abmachung klar ist: In der Arena gibt feste Regeln und es ist von vorn herein klar, dass es zum Ende des Wettkampfs Gewinner und Verlierer geben wird. Was sich an Triumph und Tragödien in der Zwischenzeit abspielt, ist unser Metier - eine schnelle und faire Sache. Was jedoch die politische Berichterstattung am Rande der großen Sportevents anbetrifft, so hatte ich mitunter den Eindruck, dass sie manchmal doch tendenziös und etwas klischeehaft wäre. Zu sehr unterschieden sich meine persönlichen Eindrücke vor Ort von dem, was zu Hause in der Presse über die jeweiligen Länder berichtet wurde. So kam ich auf den Gedanken, abseits vom sportlichen Geschehen einen eigenen, ganz persönlichen Reisebericht zu verfassen, der meine persönlichen Eindrücke in den Kontext eines größeren Zusammenhanges stellt - ganz in dem Sinne von Stendhal:

> *„Ce n'est point par égotisme que je dis je, c'est qu'il n'y a pas d'autre moyen de raconter vite. Je suis négociant ; en parcourant la province pour mes affaires (le commerce du fer), j'ai eu l'idée d'écrire un journal. Il n'y a presque pas de Voyages en France : c'est ce qui m'encourage à faire imprimer celui-ci. J'ai vu la province pendant quelques mois, et j'écris un livre"*[1]

Natürlich musste ich aus der Vielzahl meiner Reisen eine Auswahl treffen. In diesem Band führe ich meine Eindrücke der letzten beiden Fußball-

[1]Stendhal: *Mémoires d'un Touriste, Michel Lévy frères, Paris 1854 (Volume I, p. 5-362) Seite 20*

Weltmeisterschaften in einer Veröffentlichung zusammen: Brasilen und Russland. Meinen Bericht beginne ich in Moskau.

Ich stelle die beiden Texte aus den Jahren 2014 und 2018 unkommentiert gegeneinander - weil ich meine das man aus der Zeitspanne von vier Jahren bereits eine Tendenz, eine Entwicklung herauslesen kann, die uns alle betreffen wird. Die beiden Länder verbindet, dass es sich um stark wachsende Ökonomien handelt – unruhige Länder auf dem Sprung in die Zukunft. Zudem handelt es sich um große und bevölkerungsreiche Länder, deren Bedeutung in ökonomischer und kultureller Hinsicht auf lange Sicht deutlich zunehmen wird. Gleichzeitig sind es Länder, deren Gesellschaften vor einer Reihe von ungelösten politischen Problemen stehen, die sie aber mehrheitlich produktiv zu meistern entschlossen sind. Es herrscht eine große Anspannung und Dynamik vor, deren Ausgang ungewiss ist. Der Unterschied zu unserem altersmüden und bereits etwas bequemen Westeuropa ist sinnlich unmittelbar erfahrbar. Oder täuscht mich mein Eindruck? Liegt die Dynamik und Geschäftigkeit nur am Getriebe eines internationalen Sport-Ereignisses? Oder sind das Vorboten und Symptome einer sich ankündigenden globalen Entwicklung? Was wird uns in Qatar erwarten? Liebe Leserin, liebe Leser, entscheide selbst. Ich wünsche viel Spaß beim Lesen.

Potsdam, im November 2018

Veit Quack

DANKSAGUNG

Mein Dank gilt Christian von Wilckens für das Vertrauen in meine Arbeit und für seine Ruhe und Großzügigkeit, meine Freizeiteskapaden während der Produktionszeit zu dulden. Ebenso danke ich meine Kolleginnen und Kollegen Pia Herzberger, Christoph Theil, Jürgen Klose, uva. vom ZDF Sport, auf die immer Verlass ist. Mein Dank gilt meiner Frau Tatjana und meine Töchtern Josefine und Melusine, die meine Reisen immer unterstützt haben.

DER BAIKAL

Damit die Geschichte Sinn ergibt, muss man sie schon von Anfang und vollständig erzählen. Nach dem Viertelfinale hatte ich mehrere Tage frei. Es fehlen einfach noch Informationen über das bevorstehende Halbfinale und Finale und man kann noch nichts sinnvollerweise vorbereiten. Mit dem Ausscheiden der deutschen Mannschaft hatte nun wirklich niemand gerechnet! Auf jedes denkbare Szenario waren wir bestens vorbereitet - mit Ausnahme dieser Variante. In den Redaktionsbüros herrscht geschäftiges Chaos und der technische Leiter sei bereits abgereist, teilt man mir mit. Mit einer Entscheidung über die weitere Planung ist erst einmal nicht zu rechnen. Also ist das Beste, ein paar Tage frei zu nehmen. Ich hätte auch nach Hause fliegen könne, aber einen Abstecher in das Hinterland, nach Sibirien zu unternehmen, reizt mich schon sehr. Von dem Baikalsee und seinen gigantischen Süßwassermenge hatte ich mal gelesen und mich fasziniert die Vorstellung eines so gewaltigen Binnensees

> *„Der Baikal bildet das größte Reservoir flüssigen Süßwassers der Erde mit einem Fünftel der flüssigen Süßwasserreserven“*

schreibt Wikipedia. Nun habe ich Zeit: Der letzte Abwicklungstag des Achtelfinales am 2. Juli verläuft ruhig, ich bringe noch mein Büro in Ordnung und werde Punkt 15h von meinem Fahrer Sascha am Luzhniki-Stadion abgeholt um zu Flughafen Domodedovo zu fahren. Ich fahre so früh, damit der Fahrer keine Überstunden meinetwegen machen muss. Sascha erzählt mir, dass er zwar zuletzt als fünfjähriges Kind am Baikalsee gewesen sei, dass ihm das aber nachhaltig in Erinnerung geblieben sei, weil die Spucke gefroren sei, bevor sie am Boden ankam. Minus 50 Grad kalt würde es dort. Er sei mit seiner Mutter dort langgefahren. Vom See habe er nichts gesehen, weil die Scheiben des Busses gefroren gewesen seien. Nun fährt er sein eigens Auto, mit dem er gerne auch Touren durch Europa unternimmt mit seiner Familie. Er fragt mich, ob ich schon jemals zuvor in Russland gewesen sei? Ich erzähle ihm, dass ich vor 25 Jahren in Moskau war, damals eine ganz unverständliche und fremdartige Welt für mich - von der Moskauer Subkultur, von der Band „Nautilus“ und einer langen Schlange bei McDonald‘s.

Heute sei Moskau eine moderne europäische Metropole meine ich– in vieler Hinsicht ähnlich wie Paris, London, Rom, Madrid. Ich schildere ihm meine Beobachtung, dass in den Jahren in denen ich herumkomme, die Welt doch überall immer ähnlicher würde durch die fortschreitende Globalisierung und Angleichung des Wohlstandes. Überall findet man die gleichen Produkte, Kleidung, Geschäfte und überall auch ein ähnliches Konzept von Lifestyle, der letztlich eine globalisierte Uminterpretation des „American way of life sei": Fitnesstudios, schöne Produkte, Kleider, Schuhe, Smartphones. etc.. Doch Sascha ist klug, und hält mir entgegen, dass diese Beobachtung ja nun bereits die Vergangenheit betreffe, ob ich denn auch eine Prognose für die Zukunft geben könne? Etwa in hundert Jahren? Ich muss passen, wie die Welt unserer Kinder und Enkel aussehen würde, kann ich nicht sagen. Wichtiger würden in Zukunft begrenzte Ressourcen wie Trinkwasser und Energie, kann ich ganz allgemein sagen. Mehr aber nicht. Die Fahrt zum Flughafen dauert eine Stunde. Um 15:50h kommen wir in Domodedovo an. Mein Flieger geht tatsächlich erst um 21h40. Ich habe also mehr als genug Zeit.. Ich habe nur Handgepäck muss zwar durch zwei Sicherheitsschleusen, bin aber gegen 17h bereits am Gate, also vier Stunden zu früh. Ich setze mich in ein Café in der Nähe des Gates und bestelle mir ein Bier. Die Sonne scheint. Eigentlich habe ich mir vorgenommen, unterwegs kein Bier mehr zu trinken, aber die Erfahrung lehrt, dass die Wartezeit dann schneller vergeht. Gerade ist Anpfiff von dem Spiel Brasilien Mexiko, als mich ein Geschäftsmann in bestem Englisch anspricht, ob der Platz neben mir noch frei sei. Certainly. Ich schaue mir meinen Sitznachbarn an und komme schnell dahinter, dass es sich wohl um einen Deutschen handeln müsse. Ich frage ihn also auf Deutsch, was er denke, wie das Spiel ausgehen würde. Er winkt ab und antwortet mir gleich auf tiefstem bayrisch, dass ihm das wurscht sei, jetzt wo wir draußen seien. Ich frage ihn welche Biersorte er denn empfehlen würde? Er sagt, dazu sage er gar nichts mehr, denn heute seien das alles ohnehin die gleichen Zutaten und Verfahren. Die Biere seien im Grunde alle gleich und gehörten denselben drei, vier Konzernen. Das sei nur Geschmacksache, welche Sorte man da wähle: Amstel, Leif, Kilkenny, wie sie alle hießen, Schnell stellt sich heraus, dass er Brauereiingenieur und wohl in ganz Asien, Afrika und Südamerika komplette Brauereianlagen verkauft und baut, zugleich aber aus steuerlichen Gründen Staatsbürger von Qatar ist. Er reist nach Ulan-Ude und dann weiter nach China. Sein Flieger geht auch erst gegen neun. Er lädt mich auf ein Bier ein und bietet mir das Du an: „Ich bin der Franz“. Ich halte ihm entgegen, dass es im Gegensatz zu den Konzernbieren doch eine stärkere Gegenbewegung mit kleinen Craft-Bieren gäbe, da stimmt er zu und er erwähnt, dass er in Berlin auch in die Stone-Brauerei investiert hat und die technisch beraten hat. Er kennt sich auch in diesem Bereich sehr detailiert aus. Er stimmt mir zu, dass es in Kalifornien bereits in den 1990ern einen solchen Craft-bier-trend gegeben habe, das seien aber andere Biere gewesen, ehe leichtere Lager Biere, was ich ihm aus der Erinnerung nur bestätigen kann.

Fehlgeschmäcke gäbe es heute praktisch nicht mehr, da die Anlagen optimiert seien. Er erklärt mir einige mikrobilogische Zusammenhänge der Verfahrenstechnik bei der Bierherstellung, die Bedeutung des Hopfens, der vermehrt nicht mehr aus Deutschland stamme, sondern importiert werde, was langfristig dem Hopfenanbaugebiet Deutschland schade. Das sei im Grund auf dem Weg in die Bedeutungslosigkeit, das ganze Gebiet zwischen Nürnberg und München. Für den enormen Erfolg der neuen stark hopfigen und aromatischen Biersorten hat er eine einfache Erklärung: Es handelt sich um gentechnisch veränderte Hopfensorten, die zugesetzt würden. Das sei mit Züchtung so nicht zu erreichen, sagt er. Das sagenhafte plötzliche Auftreten dieser Biersorfte hänge nur mit der Gentechnik zusammen. Notfalls könne man das Bier sogar nachträglich auf diesem Wege aromatisieren.

Abfüllanlagen erzeugen bis zu 40.000 Flaschen pro Stunde. Die Maschinen laufen so schnell, dass man Fehler mit bloßem Auge nicht mehr erkennen kann, sondern dazu spezielle Hochgeschwindigkeits-Kameratechnik brauche. Der Verschleiß ist auch sehr hoch: Eine Anlage ist bereits nach 15 Jahren abgeschrieben. Wichtig seien Wasserschöpfrechte, er zeigt mir Bilder, wie er im Irak unter Einsatz extremer Sicherheitsmaßnahmen Panzerfahrzeug, kugelsicherer Weste und Sicherheitstrupp etc. Rechte für den Tigris erworben hat, die Anlage dort zum merklichen Absinken des Wasserspiegels geführt habe. Eine Anlage kostet tatsächlich 100 Millionen Euro mit allem drum und dran bis zur fertig abgefüllten etikettierten Flasche. Aber Marketing sei immer wichtiger. Denn der Markt warte nicht mehr auf einen. Beim Bier nicht und erst recht nicht bei den Softdrinks. Die Welt ist bereits unter den Konzernen aufgeteilt. Auch bei den Softdrinks: Europa, Nordamerika und Teile Asiens gehören Coca-Cola, während in Südamerika und Afrika Pepsi praktisch eine Monopolstellung hat. Er stellt einige Überlegungen an zu den kulturellen Unterschieden zwischen Iran und Irak und wie es autoritäre Regime schaffen ihre Bevölkerung in Schach zu halten. In Vietnam gäre es allerdings im Volk, die Leute würden sich offen beklagen. Es stellt sich heraus, dass der Franz auch Latein, Altgriechisch und Hebräisch gelernt hat. Er kennt sich recht gut aus mit den Philosophen und der Odyssee und stellt Überlegung dazu an, was einem dieses klassische Wissen nütze. Er meint, dass mache eigentlich nur in der Zuspitzung, in extremen Situationen ein Unterschied, im normalen Leben eher nicht. Er hat jedenfalls Biologie und Brauereiwesen studiert und dort auch promoviert. Er befragt mich zu meinem Beruf und was ich bei der WM mache. Er Interessiert sich für eine Laufbahn als Professor, hält sich dafür aber mit seinen Mitte Dreißig noch zu jung. Ich kann ihm ein paar allgemeine Tipps zu Berufungsverfahren geben. Inzwischen hat er mich zum sechsten Bier eingeladen, oder waren es Sieben? Mein Versuch, ihn auch auf ein Bier mal einzuladen oder mich finanziell zu beteiligen, lehnt er ab. Als ich mich bedanke sagt er auf bayerisch: „Ah geh! Wofür?“

Ich frage ihn zum Thema Bionade und er sagt mir, dass sei im Prinzip auch ein Bier nur dass statt des Hopfens Tee zugesetzt würde. Um die Gärung zu stoppen? Frage ich. ja. In Teilen ja, für die Fremdhefen treffe das zu, aber vor allen Dingen wegen des Geschmacks. Er erzählt mir eine Anekdote von dem Bionadegründer der bereits am Ende seiner finanzieller Mittel gewesen sei und in letzter Verzweiflung dann Lotto gespielt und gewonnen habe. Jetzt sei er sehr erfolgreich.

Ich erzähle ihm von Sascha und seiner Frage nach der Zukunft in 100 Jahren. Er hat dazu sofort eine These parat, die er gleich mit Vehemenz vertritt: „Wir werden feststellen, dass wir uns mögen!“. Er meint, die Reisetätigkeit, die

Globalisierung und vor allem die Verbesserung der Lebensbedingungen werde im Endeffekt dazu führen, dass die Menschen feststellen, dass sie alle im Grunde ähnliche Wünsche und Bedürfnisse haben und dass man sich untereinander bereichert. Man brauche gutes Wasser und wenn man darüber hinaus etwas mag, dann gerne ein Bier. Das hätte er auch festgestellt. Die Leute hätten überall auf der Welt einen ungeheuren Durst. Global unterwegs zu sein, bedeute nicht, die Heimat und die eigene Kultur aufgeben zu müssen. Man könne stolz sein, auf seine Kultur, seine Familie, seine Mutter, seinen Vater, ja seinen Opa und seine Oma und alles und dieses Recht müsse man jedem zugesehen, von der Mongolei bis nach Afrika. Jeder auf seine Weise und dann würde auf der Basis gegenseitigen Respekts sich doch die Vernunft durchsetzen. Überall auf der Welt gebe es schließlich intelligente Menschen. Es gäbe heute gar viele Millionen intelligenter Menschen, viel mehr als früher und die würden ja nun auch miteinander kommunizieren und feststellen, dass sie einander verstehen. Ich erzähle ihm von unseren Erlebnissen aus Qingdao, wie man in China auch ganz ohne die Sprache zu kenne, mit gemeinsamem Essen und Trinken dieses Gefühl der gemeinsamen wechselseitigen Achtung erleben konnte. Es sei auch nicht gut, wenn es zu große Unterschiede zwischen arm und reich gäbe. In Europa habe der Euro viel eingeebnet und das sei auch gut so. Warum soll es einem Portugiesen schlechter gehen als einem Deutschen? Das sei auch für uns Deutsche besser, wenn wir von unserem Wohlstand etwas abgeben. Allerdings sei jetzt in Bayern zu befürchten, dass die AfD einiges an Stimmen abräumen würde, weil es im Freistaat keine etablierte Protestpartei gäbe. Er schlägt einen großen Bogen zum Abschneiden der deutschen Mannschaft bei der Fußball-WM: Unser Land traue sich eben nichts mehr zu. Im Fußball wie auf dem Gebiet der technischen Fortschritts fehle das entscheidende *Etwas*, um zu gewinnen. Als Beispiel weiß er von einer neuen Variante der Kernenergie auf der Basis von Wasserstoff zu berichten, die weniger Abfall erzeuge und deutlich geringere Halbwertszeiten aufweise. Aber es sei ja in Deutschland gar nicht erst möglich, sich neutral mit einer solchen Technologie zu befassen, weil das gleich reflexartig Anti-Atomkraft-Reaktionen hervorrufe, die jede weitere sachliche Diskussion unmöglich machte. Ich fühle mich irgendwie wie auf einem launigen bayerischen Volksfest und vergesse gänzlich die Zeit. Die Unterhaltung geht angeregt und fröhlich in diesem Stil weiter. Sein Vater habe auch eine Brauerei und auch einige kleinere „Sprudel", die aber nur lokal vertrieben würden. Der Vater sei sehr reich habe ihn aber immer kurz gehalten, nicht einmal das Studium bezahlt und das sei auch gut so. Der Vater hat ein gutes Herz und hat ihn lieb. Er sei niemals so weit gekommen, wenn ihn sein Vater nicht stets finanziell kurz gehalten habe. Das rät er auch mir in Bezug auf meine eigenen Kinder, das heißt, eigentlich rate er mir gar nichts, ich solle lieber meine eigenen Schlüsse ziehen. Er meint es sei nicht gut, wenn man Geld mit Liebe vertauscht und die Kinder finanziell verwöhnt. Das führe zu nichts Gutem. Er reist aber immer Freitags zu Frau und Kindern nach Hause, egal wo er gerade sei in der Welt. Ganz egal. Am Wochenende gehöre er der Familie. Ich beglückwünsche ihn zu dieser Disziplin und Konsequenz, nicht ganz ohne Neid. Er holt daraufhin das siebte oder achte Halb-Liter-Bier. Ich will ihn dazu noch mehr befragen, doch jetzt merke ich voller Schreck, dass es bereits nach Neun ist und mein Gate jetzt schließt. Es bleibt gerade noch Zeit für eine flüchtige Verabschiedung. Ich wanke zum Gate, mit Mühe finde ich auch meine Bordkarte, doch die Frau am Gate macht mir verständlich: Es ist zu spät! Gate zu! Flieger verpasst. Ich denke mir: „Super! Das ist jetzt typisch russisch, betrunken Am Flughafen Domodedovo gestrandet." Mir wird klar, dass ich jetzt volltrunken dem wunderbaren Land ausgeliefert und ganz im Abenteuermodus angekommen bin. Ich laufe zurück, wie ich gekommen war, immer den Gangway entlang, zurück bis zur Sicherheitsschleuse, bis mir klar wird, dass dort kein Ausgang ist. Die Polizisten sind sehr nett und geleiten mich entgegen der vorgeschriebenen Richtung durch die gesamte Sicherheitsschleuse wieder in die Eingangshalle des Flughafens. Die Frau am Schalter der Fluglinie S7 in der Empfangsgalle ist in ihren späten 50ern sie spricht kein Wort Englisch, versteht aber sofort, was die Situation ist und bucht mein Ticket sofort um, dann begleitet sie mich persönlich direkt zum check-in Schalter, sodass ich nur eine Stunde später wie durch ein Wunder mir ordentlicher Bordkarte tatsächlich im nächsten Flieger nach Irkutsk sitze. Wirklich? Ich kann es noch kaum fassen. Nur eine geringe Umbuchungsgebühr fiel an. Ich bin ihr so dankbar! Und auch den netten hilfsbereiten Polizisten! Ich liebe Russland!" Solche Gedanken hege ich, als ich in den Flieger steige und noch vor dem Take-off volltrunken einnicke.

Am Morgen erwache ich in Irkutsk. Mir ist leicht schwindelig von dem langen Flug und der Unmenge an Bier des Vorabends. Die Atmosphäre ist kälter und die Akustik viel härter als in Moskau. Es sind ziemlich viele Rekruten in Uniform in dem Bus der uns vom Rollfeld zum Terminal kutschiert. Der Avis-Schalter befindet sich unübersehbar direkt am Eingang zum Rollfeld. Der Avis-Mann spricht Englisch und ist sehr hilfsbereit. Das Auto, wohl das einzige der lokalen „Mietwagen-flotte", ist ein älterer HYUNDAI mit Schaltgetriebe. Er rät mir, mit den Reifen aufzupassen wegen der Schlaglöcher und erklärt mir, wie man einen Reifen wechselt. Reifenschaden sei nicht in der Versicherung enthalten. Unterschrift und los geht's. Der Mann ist sehr umgänglich und nett. Dörflich ist das. Es läuft melancholische Musik auf dem Parkplatz, die von einem Schnellimbiss her stammt. Also rolle ich durch den irkutsker Verkehr. Als ich eine Polizeistreife sehe, kommt mir das Thema Restalkohol in den Sinn und die Tatsache, dass mein Visum auf Moskau ausgestellt ist und nicht auf Irkutsk. Das könnte tatsächlich Ärger geben. Aber nichts passiert. Ich fahre durch die alte Stadt Irkutsk. Große Aufschriften, die an den großen Vaterländischen Krieg erinnern, uralte Straßenbahnen die über krumme Schienen holpern, recht kleine Straßen, windschiefe Holzhäuser. Irkutsk ist eine architektonisch durchaus ansprechende Stadt, mit einer kleinen Straßenstruktur und viel Bausubstanz aus dem 19 Jhdt. es gibt einen gigantischen Markt, auf dem es ALLES zu kaufen gibt, teils ist das bereits richtig asiatisch vom Eindruck her. Lebendig, laut, eine prächtige Fülle von Waren, die man überhaupt nicht zuordnen kann. In Irkutsk gibt es alles nebeneinander: Neben der Philharmonie ein Café von Hipster-Kulturschaffenden, die auch englisch sprechen, daneben ein „Hostel" in einem Hinterhof, eine richtige krasse Filzlaus- Kaschemme, wie aus einem Charles-Dickens Roman, bevölkert von grobschlächtigen Chinesen oder Mongolen, ein enger übervölkerter stickiger Männer-Schlafsaal hinter einer engen Treppe unter der sich die Stiefel stapeln. Aber gar nicht weit davon ein Touristenhotel gehobenen Standards, die Gäste sind wiederum Chinesen, aber Geschäftsleute und Familien, das Hotel hat W-LAN und allem Komfort, dahinter eine moderne Fußgängerzone die von den Geschäften und

Restaurants her ein bisschen an einen gehobenen Ski-Ort wie Cortina d'Ampezzo erinnert. Irkutsk ist eine Stadt mit sehr viel Kulturangebot. All die Intellektuellen die man in den hintersten Winkel Sibiriens verbannt hat, haben das wohl hier über Jahrhunderte etabliert. Andere Zeitzone, anderes Klima. alles anders.

Ich biege ab Richtung Süden und fahre in die Wildnis zum Baikal. Die Straße ist gut ausgebaut, nur immer etwas wellig. Frostschäden, nehme ich an. Als ich gegen Mittag am Baikal ankomme, bin ich überwältigt von der Dimension: Der 1600m tiefe und über 600km lange See wirkt wirklich eher ein Meer und man sieht darin richtig große Schiffe wie auf hoher See. Sehr präsent ist die Transsibirische Eisenbahn mit mehreren älteren und neueren Trassen. Wenn man das Panoramabild genau betrachtet sieht man: Man sieht in der Mitte der Ortschaft eine Feuerstelle, es raucht. Es gibt auch einen Dorfbrunnen, der von den Einwohnern mit Kanistern frequentiert wird. Es gibt so einen Fischmarkt, das heißt in Ölfässern wird dort frischer Fisch vor Ort geräuchert und verkauft - in einer Art rauchenden Wagenburg wie in einem Western. Der Fisch, eine besondere Lachsart schmeckt allerdings unvergleichlich gut. Touristen gibt es praktisch keine - nur Lastwagen und die Eisenbahn und im ersten Hotel, dem „Baikalparadies" wurde ich – als unangemeldet eintraf - geradezu mit Mistrauen beäugt, was ich denn nun aus Deutschland hier wolle? Nachdem sie aufgetaut waren und sich telefonisch ein meinen Pass und mein Visum verifiziert und ein offizielles „Choroscho" eingeholt hatten, aber dann wirklich freundlich, hilfsbereit und total nett. Auch sehr guter Service. Es wird fleißig gearbeitet am Ausbau des Hotels und der Außenanlagen. Ich bekomme ein schönes Zimmer mit Balkon und Seeblick zugewiesen. Die Sonne scheint. Ich bin erschöpft und schlummere wunderbar in der Sonne ein. Ich nehme meine Badesachen und versuche, schwimmen zu gehen. Aber das ist nur etwas für Hartgesottene. Ich finde einen Weg am Waldrand über eine ältere, nicht mehr befahrene Transsib-Trasse zum Ufer. Das Wasser ist sehr kalt und klar und die großen Kiesel sind glitschig und während man mühsam ins Wasser balanciert, ist man schon halb durchgefroren. Nach mehreren Anläufen gelingt mir das Kunststück doch und ich schwimme einige wunderbare Bahnen in dem unendlichen See.

Ich beobachte wie der Lokomotivführer eines Güterzuges in aller Ruhe auf ein paar Ziegen wartet, die auf den Gleisen grasen. Schließlich wird es dem

Lokführer zu bunt, er verlässt seine Lok und vertreibt die Ziegen mit ein paar Steinwürfen.

Am nächsten Morgen fahre weiter am Ufer des Sees entlang. Es ist eine wunderbare, recht gut ausgebaute Route, auf der man 80 – 100km schnell fahren kann. Immer wieder eröffnet sich einem ein wunderbaren Ausblick auf den See. Abstecher Richtung Osten ins Landesinnere oder ins Gebirge sind allerdings nicht möglich, da es keine mit PKW befahrbaren Straßen gibt und auf der Hauptroute Richtung Norden und Ulan Ude limitiert der Benzintank irgendwann die Reichweite. Mehrere Tankstellen an der Strecke sind geschlossen und mein Tank zeigt mir schließlich nur noch 160 km Reichweite an. Kurz vor Babuschkin hat eine große Rosneft- Tankstelle geöffnet doch die Tankwartin schreit mich hysterisch an: Neeiiin! Benzina Njet! Auf ihrem Häuschen weht eine große rote Sowjetfahne. Ich frage mich, wie das zu verstehen ist? Ob es da einen Zusammenhang gibt? Warum hat sie „Nein!“ ausgerechnet auf Deutsch gesagt? Warum wollte sie partout keine weiteren Fragen beantworten? Oder ist das alles Zufall? Ich bin etwas verunsichert und da es kein Benzin weit und breit gibt, muss ich nun wirklich entscheiden, was ich mache. Weiter zu fahren, kann jetzt bedeuten, dass ich endgültig auf der Strecke liegenbleibe. Ich warte also eine ganze Zeit in der Nähe der Tankstelle, bis schließlich das nächste Auto an der Zapfsäule anhält und dann frage einen jungen Russen, der dort ebenfalls kein Benzin erhält, in welche Richtung ich nun am besten fahren soll. Er weisst mir die Richtung Süden, aus der ich kam, wobei er die Hand mehrfach auf und ab bewegt, so dass ich schätze, er meint ca. 100km. Und das stimmt genau. Ich finde eine offene Tankstelle mit Benzin in Baikalsk.

Baikalsk hofft wohl sehr auf zukünftigen Tourismus, denn viele Menschen sind offenbar arbeitslos nachdem dort ein uraltes, total verrottetes Zellulosewerk (teilweise) dicht gemacht wurde und Frauen verkaufen am Staßenrand wilde Erdbeeren. In Gruppen stehen sie zusammen und man sieht, dass es nicht Bäuerlein sind sondern intelligente Menschen, die ehedem mal etwas anderes gelernt haben. Die Erdbeeren schmecken indessen köstlich. Jugendliche streunen durch die Straßen des riesenhaften Werksgeländes und vertreiben sich die Zeit mit einem Spiel, welches darin besteht, sich mit gegenseitig Steinen zu bewerfen. Erkennbar ziellos, aber nicht aggressiv.

Der Geldautomat spricht allerlei exotische Sprachen, darunter auch Englisch. Man muss allerdings erst seine Telefonnummer angeben und ich bekomme

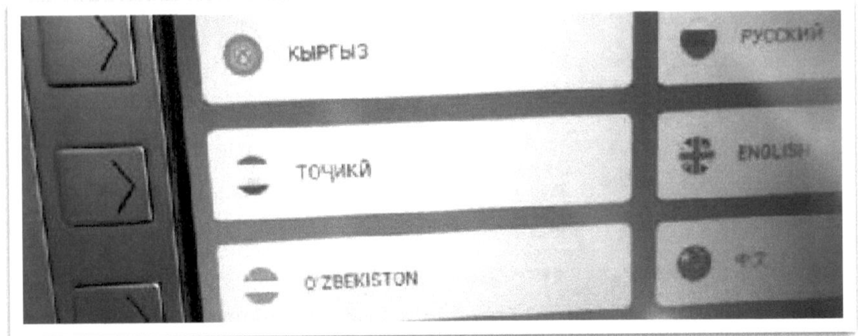

dann noch einen Anruf, dessen Inhalt ich aber Mangels Russischkenntnisse überhaupt nicht verstehe, das schadet aber scheinbar auch nichts. Der Automat spuckt einwandfrei Geld aus.

Ich unternehme also einen Ausflug mit der Seilbahn zu einem schönen Skigebiet mit Blick auf den See. Man hört sehr viele unterschiedliche Vogelstimmen. Das Wetter kann extrem schnell umschlagen, eben noch Sonnenschein und schön, plötzlich heftiger Regen, windig und kalt.

Als ich wieder unten am Parkplatz bin, fallen mir mehrere gepflegte Land Rover mit britischen Kennzeichen. Es scheint unter reichen Hongkong-Chinesen gerade „in“ zu sein, dort Safaris zu unternehmen. Ich treffe auf eine Gruppe von sehr begüterten, fröhlichen Leuten aus Hong Kong, die ihre edlen Landis quer durch die Mongolei und Sibirien jagten. Sie logierten wie ich in einem „Grand Hotel Baikal“, das von außen kaum als solches erkennbar innen aber den feinsten Standard bietet. Eine Übernachtung kostet nur 2.000 Rb. Ein Abendessen 200 Rb.

Ich beobachte, wie der Pilot eines großen Hubschraubers waghalsig in einem Wohngebiet landet, ganz offensichtlich nur, um die Kinder etwas aufzuheitern. Eine kleine Geste, die ihm allerdings sehr gut gelingt, denn die Kinder tanzen und hüpfen vor Freude über das unerwartete Ereignis in dem kleinen Ort. Es wird Abend und ich kehre ins Hotel zurück. Dort helfe einem verirrten Chinesen fast genau so wenig Englisch spricht wie der Russe an der Rezeption, indem ich ihn mit der einschlägigen pekinger Grußformel

吃了嗎

zu einem Abendessen verhelfe. Unweigerlich wird man auf das unerwartete Ausscheiden der deutschen Mannschaft im Vergleich zu der fulminanten Endrunde des Jahres 2014 angesprochen. Ein trauriger Vergleich. Mir fällt eine ganz andere Parallele auf: Die nonchalante Situation mit den Kindern und dem Hubschrauber erinnert mich an ein Erlebnis einige Jahre zuvor, als ich anlässlich der Fußball-WM in Brasilien war:

RIO DE JANEIRO, PFINGSTEN 2014

Heute bin ich in einem fremden Kontinent an Land gegangen. Den Tag meiner Ankunft habe ich genutzt, den 18km langen Strand von Barra da Tijuca hinunter zu schlendern. Entlang des Strandes reihen sich ca. 12-15 stöckige Hochhäuser. Die Luft entlang der Küste ist hier selbst im „Winter" warm und feucht und hüllt die Szenerie in ein seltsam mildes, milchiges Licht: Eine subtropische Atmosphäre. Hinter der Strandpromenade – gleich hinter den Hochhäusern breitet sich eine große Lagune aus, in der in dem heißen flachen Wasser die unzähligen Mücken brüten. Pralles Großstadtleben am Strand – Familien jedweder Couleur, und sozialer Schichtung versammeln sich. Vornehmlich aber handelt es sich um Familien die wohl jener „neuen brasilianischen Mittelschicht" zuzurechnen sind, von der man allenthalben bei uns in der Zeitung lesen kann. Was auch immer das heißen mag. Aber wer will das Wesen eines solchen Landes mit „rationalen" Kategorien fassen?

Die Atmosphäre ist voller Leben, gesellig laut, heiter, etwas schmutzig. An der Strandpromenade bietet man an „Quiosken" Getränke an: Mit einem Strohhalm trinkt man den Saft aus einer frischen Kokosnuss. Dazu werden die grünen Früchte mit einer Art Machete aufgeschlagen. Die Reste der Kokosnüsse landen auf dem Asphalt. Um die Mittagszeit brät man am Rande der Strandpromenade Fisch und Fleisch und sitzt improvisierten Tafeln unter einem selbst gebauten Sonnenschirm. Weinflaschen stehen auf dem Tisch. Nach dem Essen verweilen die Männer noch lange entspannt beim Brettspiel. „Südländisches Großstadtleben" würde man dergleichen vielleicht in Europa nennen - aber die Dimension ist ganz anders, nicht nur, weil der Strand so groß ist, dass jeder seinen Platz findet. Vielleicht ist es der Dynamikumfang der sozialen Unterschiede, der so schwer zu fassen ist? Oder nährt sich der fremde Eindruck eher aus der ungebrochenen Kraft der Begierden und Leidenschaften? Das Ein Einheimischer erklärt mir, dass allein schon die Begrüßung **„Bom Dia"** *(deutsch: „Guten Tag")* sehr ähnlich klingt wie

„**Bundinha**" *(„schöner Hintern")* - letzteres spricht in seinem stimmhaften summenden und zischenden Brasilianisch ungemein breit und genussvoll aus während er lachend mit leuchtenden Augen der Bedeutung des Wortes unter Einsatz seines ganzen Körpers schwungvoll Ausdruck verleiht...

Die Stadt bietet eine paradoxe Mischung aus exzessiv demonstrierter Lebensfreude und der finsteren Realität alltäglicher Gewalt: Jeden Tag werden allein in Rio de Janeiro mehr Menschen Opfer eines Gewaltverbrechens als in Deutschland in einem ganzen Jahr. Insgesamt erinnert mich die Atmosphäre des modernen Großstadtpanoramas am Meer am ehesten vielleicht etwas an Tel Aviv – nur ist alles viel weiträumiger und größer, dramatischer. Das liegt nicht zuletzt an der eigentümlich polygonale Gestalt der subtropisch bewachsenden Felsen der dahinter liegenden Gebirge oder der geheimnisvollen Dreierformation der vorgelagerten Ilhas Tijucas. Das sind in Europa gänzlich unbekannte Formen, die auf den ersten Blick von einem, fernen ganz anderen, weiten und rätselhaften Kontinent künden. Man kann ahnen, welchen Stolz die Entdecker erfüllt haben mag, als sie dieses prächtige Land das erste mal gesehen haben. Ich gönne mir eine Pause im Schatten unter dem Blätterdach eines Mangobaumes. An einer etwas höher gelegenen Düne am Rande der Promenade überblicke ich den Strand: Sonne, Meer, Leben. Leute spielen Beach-Volleyball, andere machen Fitnessübungen oder baden in den Atlantik-wellen. Links, etwas weiter draußen sehe ich Wellenreiter - junge, unerfahrene Stand-up-paddler- die immer wieder von den Brechern ins Wasser geschleudert werden. Ich schaue dem Treiben zu. Unmittelbar vor mir liegt eine Art Spielplatz: Einige Turngeräte in heiteren schrillen Farben angemalt. Plötzlich bemerke ich, dass mich –wie aus dem Nichts- ein unbeschreiblich beklemmendes, Gefühl der Einsamkeit und Verlassenheit überkommt. Erst dann bemerke ich ein kleines Mädchen von vielleicht vier Jahren, das seine Eltern verloren hat, den Tränen nahe, sich ganz verlassen fühlt in dem Gedränge und mit den Tränen ringt. Das Mädchen ist ordentlich gekleidet in den gepflegten braunen Locken steckt eine weiße Haarspange. Es schaut ängstlich, hilfesuchend zu mir herüber. Soll ich in die

Situation eingreifen oder nicht? Mein erster spontaner Reflex ist, dass ich zu dem Kind gehen möchte, um es zu trösten. Doch dann fällt mir ein, dass das Hinzukommen eines Fremden, der zudem der Landessprache nicht mächtig ist, das Kind vielleicht nur noch mehr verschrecken würde. Also zögere ich, bleibe sitzen und schaue weiter zu und sehe wie das Kind in seiner Verzweiflung schließlich Zuflucht sucht, indem es sich an den Hals eines Hundes wirft, der an eines der Sportgeräte angeleint ist. Ich beobachte, wie das Kind das Tier ganz fest an sich drückt. Ein rührender aber zugleich ungemein schmerzhaft erniedrigender Anblick! So sitze ich da - unschlüssig was ich tun soll und leide mit dem Kind. Ich schaue in die Menge, um zu sehen, wo die Eltern sein könnten... Doch wie kann ich helfen? Ich weiß ja nicht einmal, wie seine Eltern aussehen. Auch beherrsche ich die Sprache nicht. Mir fällt ein, dass ich ein Handy dabei habe, mit dem ich notfalls Hilfe organisieren könnte. Also warte ich ab. Mehr kann ich im Moment nicht tun. Zu wem gehört das Kind? Wer hat es hier im an einem solchen Ort in der panischen Mittagshitze im Stich gelassen?

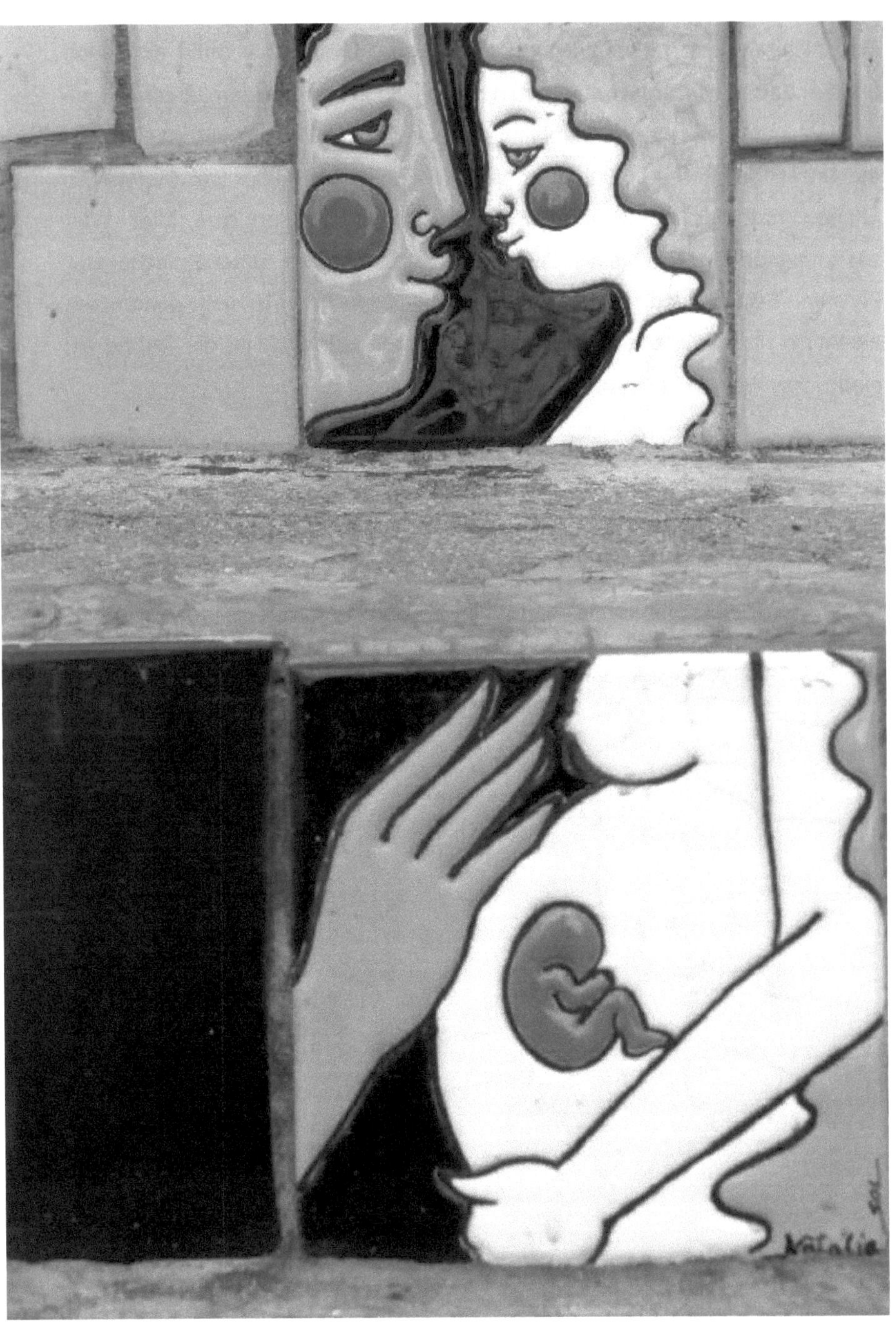
Natalia

In seiner Trauer begann er wohl vor über 20 Jahren, die Treppe in diesem unwirtlichen Viertel zu bauen - vermutlich auch weil er einen Weg suchte, sich irgendwie von der erdrückenden Last seiner Schuld zu befreien. In der Zwischenzeit wuchs seine bunte, heitere Treppe zu einem begehbaren Kunstwerk heran und wurde als Ausflugs- und Touristenattraktion immer beliebter. Dies wiederum nährte den Unmut der örtlichen Drogenmafia, die sich durch den Besucherstrom in der Ausübung ihrer gewohnten dunklen Geschäfte gestört sah. Im Januar 2013 kam Selarón dann auf myteriöse Weise zu Tode: Seine verkohlte Leiche wurde eines Morgens in Rio de Janeiro aufgefunden. Die Umstände seines Todes sind bis heute ungeklärt...

Eine Zeitung schrieb am 10. Januar 2013:

> *„Am Tag von Selaróns Tod hatte die Zeitung ‚O Globo' ein Interview mit dem Künstler veröffentlicht, in dem er berichtete, er werde von einem früheren Mitarbeiter mit dem Tode bedroht. Der Mann, dessen Bruder den Drogenhandel in der Region kontrolliert hatte und mittlerweile im Gefängnis sitzt, habe zwei Mal gedroht, ihn zu erstechen, wenn er ihm nicht das Geld aus dem Verkauf seiner Bilder gebe, sagte Selarón. ‚Ich habe diesem Jungen viel geholfen. Aber er ist gierig geworden, er wollte alles, die Bilder, die Gewinne', wurde der Künstler zitiert. Die Polizei geht jedoch Hinweisen auf einen Selbstmord nach, weil Freunde Selarón als depressiv bezeichneten. "Wir haben damit gerechnet, dass er seinem Leben ein Ende setzt", zitierte "O Globo" einen Freund des Künstlers, der anonym bleiben wollte. ‚Er war sehr traurig und sagte, dass er verraten wurde.“*[2]

[2] https://derstandard.at/1356427359714/Chilenischer-Kuenstler-Jorge-Selaron-starb-mysterioes (Zugriff am 17.2018

Die Gegend hat um die Rua Carneiro hat etwas Unheimliches. Zwielichtige dunkle Gestalten lungern an den Straßenecken, beobachten einen auffällig unauffällig. Die afro-brasilianischen Religionen der Macumba und Candomblé kennen einen Dämon, der an Straßenkreuzungen lauert:

> *„Eshu (Eleggua, Elegba, Eshú, Echu, Exú) ist in der Religion der Yoruba und den davon abgeleiteten afroamerikanischen Religionen der Herr der Straßen, Straßenkreuzungen und Türen. Er ist verantwortlich für den Lebensweg, für das Gelingen oder den Misserfolg, für Begegnungen und Entscheidungen, für Zufälle, Unfälle und das unergründliche Schicksal. (...) Oft wird er mit dem Teufel assoziiert. Damit ist aber nicht der christliche Teufel, die Inkarnation des Bösen gemeint, sondern eher der anarchische, schalkhafte Mephistopheles. Er ist frech, impulsiv, chaotisch, unberechenbar, stiftet gerne Verwirrung und Streit und hat Macht über das sexuelle Begehren. Er wird gleichzeitig geachtet und gefürchtet."* (wikipedia)

Ein fremdes und unbekanntes Land- man möchte sich nicht gleich involvieren, berühren lassen. Die „Berührung durch Unbekanntes" so lese ich bei „Masse und Macht" von Elias Canetti, sei das, was der Mensch am meisten fürchtet. „Man will sehen, was nach einem greift, man will es erkennen oder zumindest einreihen können. „Die ursprüngliche Bedeutung des Verbs „angreifen" bezeichnet nach dieser Lesart beide Seiten: Das greifende Berühren sowie die gefährliche Attacke. Der Mensch muss sich permanent zwischen Nähe und Distanz entscheiden. Sobald er sich nicht mehr im Schutz seiner häuslichen Umgebung befindet, braucht er Distanz zu Fremden. Überall weicht der Mensch der Berührung durch Fremdes, dem „Angriff" aus. Die schwüle Mittagshitze ist ohnehin die Zeit des Angriffs durch das Unbekannte, das Irrationale. Auch unser Kulturkreis kennt solche Dämonen: Die alten Griechen stellten sich als Mittagsdämon den Gott Pan vor, der - halb Mensch halb Ziegenbock - einen um die Mittagsstunde plötzlich berührt und Mensch und Tier in heillosen Schrecken versetzt. Er trägt auch den Beinamen „ακτιοσ“ - vom Strand herkommend.

Santa Teresa

Im malerischen Viertel Santa Teresa kann man den sogenannten „Ruinenpark“ bewundern. Das ist ein Kunstmuseum, das in ehemaligen herrschaftlichen Villen aus der Gründerzeit untergebracht ist. Die Ruinen in der Rua Murtinho Nobre vermitteln eine wunderbar morbide Atmosphäre. Die umliegenden Straßen den Hang hinauf sind bei Regenwetter gespenstisch leer. Ein Auto mit getönten Scheiben jagt einen Fußgänger von der Straße. Das kleine Tor steht offen, aber die Kunstausstellung und das Café das Ruinas haben geschlossen. Ich bin erleichtert, als ich einen älteren Wachmann entdecke, der auf seinem Stuhl vor dem Haus döst. Die Ruinen-Villa lässt noch erkennen, dass es sich einmal um eine sehr klug geplantes, ausgesprochen stil- und maßvolles, eher bescheidenes Gebäude gehandelt haben muss. Von der freundlichen Terrasse hat man einen herrlichen Blick über die Stadt. Eine sehr gepflegte und liebenswürdige aber irgendwie ängstliche junge Frau, die in dem Haus arbeitet, hilft uns, ein Taxi zu rufen. Sie sagt Rio de Janeiro sei zwar schön, aber gefährlich. Sie kommt gerade von einer Reise aus der Schweiz zurück. Besonders in Zürich gefiel es ihr gut. Als wir ihr erzählen, dass wir im Stadtteil Barra wohnen bemerkt sie wehmütig, dort wolle sie auch gerne einmal leben, denn da sei es wenigstens sicher.

Später, bei einem Besuch am Strand von Ipanema, erfülle ich mir einen seit 30 Jahren gehegter Traum, endlich einmal selbst auf einem Surfbrett zu stehen. Ich leihe mir ein board an einer etwas zwielichtigen Umgebung am Strand. Eine Joggerin warnt mich eindringlich: Hier sei keine sichere Gegend. Doch ich lasse mich nicht einschüchtern und überlasse meine Wertsachen einem finster aussehenden Quiosquebesitzer. Surfen macht mir Spaß – aber ich muss wohl noch etwas üben: Die großen Wellen schleudern mich mitsamt Board gnadenlos durch die Gegend. Wieder an Land stelle ich fest: Mein Hemd wurde gestohlen, meine Kreditkarte, Kamera, Pass und all das aber blieben in der Obhut des tätowierten Quiosque-besitzers verschont. Ich muss lachen, als ich kurz darauf mit nacktem Oberkörper in der Einkaufsstraße ein neues buntes T-Shirt mit der Aufschrift „I love Rio de Janeiro" kaufe: Erbeutet haben die Diebe indessen mein blau-weiß-kariertes Oktoberfest-Hemd mit braunen, falschen Hirschhornknöpfen aus Plastik. Ich stelle mir vor, wie ein verwegener Latino-Gangsta seinen Kumpanen stolz diese absurde Trophäe präsentiert. Die „Berührung mit dem Fremden" ist somit für mich doch sehr glimpflich abgelaufen.

Bei Morgengrauen fahre ich mit der urtümlichen Zahnradbahn von der Rua Cosme Velho durch den Tijuca-Urwald hinauf auf den „buckligen“ Corcovado. Ich besuche die Kapelle unterhalb der Statue des Christo Redentor, der gütig und verzeihend seine Arme über der Stadt ausbreitet. In Zona Sul, malerisch gelegen direkt unterhalb des „Christo Redentor“ befindet sich die Lagoa Rudrigo de Freitas in Rio de Janeiro. Wegen ihrer Form und zentralen Lage wird sie das „Herz“ der Stadt genannt.

In Rio de Janeiro hat der Rudersport eine lange Tradition: Alle renommierte Fußballvereine sind ursprünglich aus Rudervereinen hervorgegangen. Dies erkennt man heute noch an deren Namen: „Club de Regatas Vasco da Gama“, "Clube de Regatas do Flamengo“ und "Butafogo de Futebol e Regatas". Sie alle haben noch ihren Sitz an der Lagune. Der älteste und traditionsreichste aber ist der Club Piraqué, der seinen Sitz ursprünglich auf der gleichnamigen Insel der Lagune hatte. Heute findet eine Regatta statt. Ich verfolge ein spannendes Kopf-an-Kopf rennen zwischen zwei Leichtgewichts-doppel Vierern. Im Zielbereich wird ein Feuerwerk abgefeuert, Musik spielt. Ein Pokal wird feierlich unter dem Jubel der Gäste überreicht. Die Regatta „Competado Estadual“ wird von einer kleinen Fangemeinde hier sehr emotional und auch stilvoll zelebriert, aber man erkennt sofort, dass der Rudersport hier seine besten Tage hinter sich hat. Die eigentliche Haupttribüne an der Regattastrecke ist einem eher plumpen Einkaufszentrum gewichen. Der Rudersport habe unter der Expansion der Stadt gelitten, erklärt mir ein älterer Herr. Die hiesigen Ruderer fürchten, dass die „Legacy“ der Olympischen Spiele für den Rudersport wohl nicht so rosig aussehen wird. Sie müssen ihre Bootshäuser verlassen und werden in Zelten untergebracht. Viele der geplanten Olympia-Bauten sind nur temporäre Konstruktionen und man fürchtet, dass unterm Strich für die ansässigen Ruderer nach den Spielen hier in der Innenstadt kein Raum bleiben wird. Am nächsten morgen um sechs Uhr in der Frühe darf ich dann endlich auf dieser wirklich einzigartige Strecke zu rudern. Im Doppelzweier ziehe ich zusammen mit einem Luiz Guedes vom Club Piraqué meine Bahnen über die Lagune. Sonnenaufgang. Der Christo Redentor ist noch in Nebel gehüllt, in der Lagune ruht das Wasser aber ringsumher brodelt bereits der dichte Verkehr einer erwachenden Metropole. Vom Wasser aus begreift man die dramatische Lage der Stadt zwischen den von Urwald überwucherten Felsen und dem Meer. Die Lagune misst eine Länge von genau 2.000m das ist gerade mal so knapp ausreichend für die olympischen Wettkämpfe in zwei Jahren. Die Lagune sei für die Wettkämpfe jedoch nicht tief genug, erklärt mir César vom Club Botafogu, deshalb müsste der Schlamm aus dem seichten und trüben Brackwasser ausgebaggert werden.

Festa Junina

In Brasilien wird gerade die Festa Junina gefeiert. Hier ist ja gerade „Winter“. Es gibt bunte Fähnchen und Girlanden Glühwein und gehaltvolles süßes Naschwerk. So eine Mischung aus Halloween, Weihnachten, Neujahr. Ein winterliches Kinderfest. In der Abenddämmerung lasse ich mir einen süßen Glühwein im Plastikbecher anbieten und lausche dem Gesang aus der Kirchengemeinde auf der gegenüberliegenden Straßenseite. Einer unserer Stringer stammt aus Östrich-Winkel. Er hat seinen Zivildienst bei einem Kinderprojekt in Nicaragua geleistet, fährt Einrad und ist nun an einem Deutsch-brasilianischen Start-up beteiligt. Seine brasilianische Freundin wird am Oktober für ein Jahr nach Potsdam ziehen, um dort zu studieren.

Jardim Botanico

In dem edlen Stadtviertel gleichen Namens liegt der Jardim Botanico – der botanische Garten. Er wurde von John IV von Portugal zu Beginn des 19. Jahrhunderts hier errichtet, nachdem dieser sich vor den napoleonischen Truppen hierher gerettet hatte und der Regierungssitz Portugals nach Rio de Janeiro verlagert wurde. Ein kleines Paradies auf einem Gelände, das ursprünglich für eine Pulverfabrik vorgesehen war. Eine herrliche Sammlung eindrucksvollster und sehr ungewöhnlicher Palmen und Kakteen. Am besten gefällt mir eine besonders starke, ca. 12m hohe Palme mit großen, fleischigen Blättern, in deren Stamm, welcher sich aus den Rümpfen abgestorbener Zweige gebildet hat, sich Farne und Blumen eingenistet haben. Ein prächtiger senkrechter Garten. Durch den überlebensgroßen Bambus klettert eine freche, aufdringliche Sippe von Brüllaffen und nutzt dabei den langen Schwanz als fünfte Greifhand. Auf dem Gelände gibt es improvisierte, selbstgebaute Behausungen, die von Mitarbeitern des botanischen Gartens genutzt wurden. Die Familien, die dort siedeln sollen aber nun das Gelände räumen. Paradies und Pulverfass.

Pao de Açúcar

Es sind die markanten Felsen, die der Stadt das unverwechselbare Gepräge geben. Geologisch handelt es sich bei den steilen Monolithen um sogenannte „Plutone", aus Granit, die vor etwa 560 Millionen Jahren im finsteren Zeitalter der Titanen aus dem heißen Inneren der Erde emporgestiegen sein müssen. So beherrschen Sie die Landschaft - respekteinflößend und mächtig. Lange galt der Pao de Açúcar mit seinen steilen Felswänden als unbezwingbar. Heute fährt eine Seilbahn jeden Touristen, der 62 Real bezahlt, hinauf. Deshalb hat man zu Ehren des Ingenieurs, der diese Leistung vollbrachte, oben ein Denkmal errichtet. Der Nervenkitzel bleibt dennoch: Die Drahtseile stammen von dem Schweizer Bergbahn-hersteller Garaventa, der diese Drahtseile nach Ablauf der Betriebsdauer ausgemustert und nach Brasilien weiterverkauft hat. Wenn man sicher gehen möchte, kann man aber heute auch von der Lagoa Rudrigo de Freitas mit einem Hubschrauber hinauffliegen.

Ein Abendessen mit Austern bei dem eleganten Guiseppe Grill in Ipanema zum Preis eines brasilianischen Monatslohns endet mit einer sehr erbärmlichen Fischvergiftung und zwingt mich einige Tage zum Fasten.

Favela Rocinha

Interessant sind die Favelas. Diese engen Siedlungen aus unverputzten Poroton- Ziegeln ohne Strom, ohne Wasser, ohne Baugenehmigung, mit sind nicht nur ein Zeichen der Armut sondern vor allem ein Ausdruck der Unbeherrschbarkeit dieses Landes. Die Bezeichnung „Favela“ kommt von einer brasilianischen Kletterpflanze gleichen Namens. Die Bauweise an den steilen Hanglagen zeigen in erster Linie von der enormen Anpassungsleistung des Menschen. Eine wildwuchernd gewachsene Struktur, aus engen Gassen, Treppen, aberwitzigen Aufstockungen und Anbauten. Kaum ein Polizist verirrt sich in eine solche Gegend. Die Binnenordnungsmacht stellt stattdessen wohl der örtliche Drogenbaron? Trotzdem ist die Favela eine Heimat für etwa 62.000 bis 250.000 Einwohner. Genauere Angaben zur Einwohnerzahl gibt es nicht. Man darf andererseits nicht vergessen: Diese Favela die sich in die schwer bebaubaren Zwischenräume der Stadt gedrängt hat, befindet sich in besten zentralen Innenstadtlage mit Meerblick. Eine Parallelwelt auf engstem Raum, in unmittelbarer Nachbarschaft zu teuren Wohnlagen. Viele Leute, die dort leben, sind in der Stadt berufstätig. Ein Amerikaner, der dort lebt, schreibt:

> *„I like feeling part of a community. I have always valued that. Rocinha feels like a small town, where people know each other, but at the same time you are in a city of roughly 10 million people. You have the connection of a 'small town' while simultaneously having access to the luxuries of a city. It's really a great combination. Having the beach in walking distance isn't a bad thing either!"*[3]

[3] http://lifeinrocinha.blogspot.com/2011/04/foreigners-living-in-rocinha.html *(Zugriff am 15.10.2018)*

Für den Bewohner ein irgendwie funktionierendes Sozialgefüge kann die Favela jedoch zur Gefahr für einen unbedarften Touristen werden, der in die fremde Sphäre eindringt ohne die Regeln des Ortes zu kennen. Im November 2011 hat hier mal eine groß angelegte Razzia stattgefunden. Dabei wurde nicht nur ein kriegstaugliches Arsenal an Schusswaffen beschlagnahmt, sondern auch gleich ein geheimer „Friedhof" der Drogenmafia entdeckt. Mit der entsprechenden Vorbereitung ist der Besuch der Favelas aber gefahrlos möglich, erklärt mir ein Kollege, der hier schon gedreht hat. Man meldet sich bei einem der Nachbarschaftszentren vorher an, nimmt etwas Kontakt auf mit der Bevölkerung und bekommt dann gegen Barzahlung einen Betreuer der örtlichen Schutzmacht als Aufpasser mit auf den Weg. Auch hier hat eben alles seine Ordnung. Nur eben anders. Sind die Bewohner der Rocinha in mancher Hinsicht auch an einem „gefährlichen" Image interessiert, weil sie auf diese Weise wenigstens vor der Gefahr der Gentrifizierung sicher sind?

Centro

Heute besuche ich die Innenstadt. Den Weg erklärt mir Rosi, die als Köchin, Organisatorin und Dolmetscherin für die FIFA arbeitet und auf diese Weise auf der ganzen Welt herumkommt. Die ca. 1,50m große energische, ausgesprochen sympathische Frau um die Vierzig zeigt mir noch den Weg über die „Feira“, den wunderbaren Markt in Ipanema, wo es dienstags und freitags die herrlichsten und frischesten Früchte gibt: Mangos, Kokosnüsse, Bananen. Am unaussprechlichsten jedoch ist das Aroma der Passionsfrucht. Ihr glitschiges, kernreiches, fruchtbares Inneres, das zunächst wenig appetitlich aussieht, entpuppt sich als herrlich sauer und aromatisch zugleich – das Erlebnis eine solche Frucht zu schlürfen, kommt auf unserem europäischen Kontinent nicht vor. Von Ipanema aus nehme ich die U-Bahn in die Innenstadt. Eine moderne Anlage. Hier sieht es schon eher aus wie in einer richtigen Metropole. Ich besuche eine Fotoausstellung Do Simbolismo à Reinvenção da Realidade im Cento Culotural Justicia Federal in der Innenstadt. Ein etwas protziges Gebäude aus dem Jahr 1909 mit einer großzügigen, luftigen Innentreppe aus Mamor und Schmiedeeisen. Eine business-mäßige Innenstadt wie in den USA - aber eine brasilianische Version. Eine sehr dynamische Rockband spielt in der Mittagshitze auf einem Platz zwischen Geschäfts-hochhäusern. In freudiger Erwartung des Spiels um 16:00 Uhr hallen unzählige Fußball-tröten ringsum. Eine absurde Kakophonie. An Spieltagen der brasilianischen Mannschaft haben alle Brasilianer frei. Die Stadt ist überfüllt und im Ausnahmezustand. Der Verkehr kommt fast zum erliegen. Auf den Straßen begegnet man hier noch vielfach dem guten alten VW-Käfer und dem klassischen VW-Bus, der in den 1970ern. Das typische Rattern der kleinen luftgekühlten Boxer-heckmotoren verbreitet eine ganz spezielle Atmosphäre. Auch der schön geformte Mercedes-Benz „Kurzhauber“ LKW[4] ist hier noch oft zu sehen. Das ruft Erinnerungen an die 1970er Jahre und deren revolutionären Verheißungen wach. Insgesamt ist der Verkehr sehr schnell, chaotisch. Rote Ampeln werden eigentlich kaum

[4] L 1113

beachtet – aus Angst vor Überfällen heißt es – aber das kann nicht der wahre Grund sein, sonst müsste man ja offenbar ständig damit rechnen, überfallen zu werden. Trotzdem geschehen sehr wenige Unfälle und wenn – werden sie in der Regel ohne Hinzuziehen der Polizei reguliert. Ich beobachte einen kleine Kollision zwischen zwei Taxis, die beim Spurwechsel ineinander krachen. Beide Fahrzeuge sind beschädigt. Während der jüngere Taxifahrer aus dem Auto springt und aufgeregt und vorwurfsvoll auf seinen Unfallgegner einredet, bleibt dieser ganz stoisch und ohne eine Regung zu zeigen, setzt er zunächst den abgefallenen Stoßfänger seines Taxis wieder ein. Erst dann spricht er mit dem Jüngeren. Daraufhin scheinen die beiden Männer sich zu einigen. Auf dem über zweistündigen Rückweg mit dem Bus lerne ich den ca. 70-jährigen Manoel kennen, der in den 1970er Jahren in Hamburg für eine Reederei gearbeitet und die ganze Welt befahren hat. Vor allem die Hamburgerinnen haben es ihm angetan. Der ältere Herr scheint mir ohne Frage damals ein ziemlicher Filou gewesen zu sein. Mit Deutschland in dieser Zeit verbindet er viele positive Erinnerung: Damals hatte er eine gute Zeit! Ein Brief zu seiner Familie wäre damals zwei Monate unterwegs gewesen, da sei doch Skype ein großer Gewinn. Am besten gefiel im jedoch Australien, sagt er. Die deutsche Fußballmannschaft sei besser als die Brasilianische, die seien doch „Salto Alto", hochnäsig und würden sich noch umgucken! Das desolate 0:0 gegen Mexiko gibt ihm prompt Recht.

Niterói, Curitiba, Oscar Niemeyer und die Schande von Gijón

Wenn man etwas Zeit hat, lohnt sich ein Ausflug nach Niterói zum Museu de Arte Contemporânea. Schon die Fahrt über eine 10km lange Brücke ist spektakulär. Was mich an diesem Bauwerk fasziniert, ist der Widerspruch zu der Landschaft, deren überwältigenden, kosmischen Dimension dieses Objekt mit überlegender Intelligenz und Klasse die Stirn bietet. Das berühmte Gebäude von Oscar Niemeyer thront über der Landschaft - wissend und erhaben- und gleicht einem gerade gelandeten UFO. Eine ruhigere und sachlichere Atmosphäre bietet ungefähr 900km südwestlich die Stadt Curitiba. Auf einer fruchtbaren Hochebene auf ca. 1000m über NN gelegen, umrahmt von zwei Gebirgszügen ist das Klima hier eher kühl, trocken, die Luft klar. Die Struktur der Straßen ist streng, sachlich, rechtwinklig nach us-amerikanischem Muster. Obwohl die Stadt 1,8 Millionen Einwohner zählt, herrscht hier eine beschauliche, angenehm freundliche, irgendwie ländliche Kleinstadtstimmung. Frühmorgens besuche ich das Museum Oscar Niemeyer. Auch hier ist besonders schön zu beobachten, wie sich die Stadt in der glänzenden Oberfläche dieses Objektes spiegelt, das wiederum wie ein Auge die Szenerie zu beobachten scheint:

Ordem et Progresso!

Ich lerne zwei sehr nette algerische Fans kennen, die mir, als sie hören dass ich aus Deutschland komme, auf eine gespielt arabisch-martialische Art „ewige Rache für 1982“ schwören. Damals hatte während der WM in Spanien Deutschland gegen Österreich in einem abgekarteten Spiel 1:0 ohne sportliche Leistung in der Vorrunde gewonnen und damit gleichzeitig das Ausscheiden von Algerien erwirkt. Dieses Spiel ist meinem algerischen Freund Achmed als „Schande von Gijón“ in Erinnerung geblieben. Ich kann die Algerier verstehen. Irgendwie haben sie Recht. Am 30.6. steht die Begegnung im Achtelfinale mit Deutschland in der 90sten Spielminute bei 0:0. Erst in der dritten Halbzeit fallen drei Tore: 2:1 für Deutschland. Ich kehre nach Rio de Janeiro zurück.

Sítio Burle Marx

Auffallend schöne gepflasterte Böden aus Kalksandstein und Basalt bestimmen das Straßenbild in Copacabana und Ipanema. Ähnliche Muster findet man auch in Lissabon, in Faro an der Algarve oder in Funchal auf der Atlantikinsel Madeira. Ich hielt dies deshalb zunächst für typisch portugiesischen Einfluss. Tatsächlich gehen die schönen schwungvollen grafischen Formen jedoch zurück auf den deutschstämmigen Gartenarchitekten Burle Marx (1909 – 1994). Die Familie Marx stammte aus Trier und Burle Marx studierte in den späten 1920er Jahren in Berlin wo er im botanischen Garten von Dahlem auch die brasilianische Fauna kennenlernte. Mit Rogerio Dardeau besuche ich dieses Museum, das ungefähr eine halbe Stunde außerhalb von Rio de Janeiro liegt. In der wunderbar gepflegten und herrlich schwungvollen Gartenanlage in Barra de Guratiba begegne ich wieder diese prächtigen Palmensorte, die mir schon im Gardim Botanico aufgefallen war: Die Corypha umbra culipera oder Talipot ist eine sehr dramatische Pfanze: In vierzig Jahre wächst diese vitale Pflanze zu einer Höhe von ungefähr 20m empor. Erst dann entwickelt Sie eine große, prächtige Blüte in ihrer Krone aus gelblichen Fächern - und dann stirbt sie. Es scheint, als lebe die Pflanze allein auf das Ziel hin, diese riesenhafte Blüte von fünf Meter Höhe zu entwickeln. Wenn Sie das Ziel erreicht hat, gibt sie ihr Leben hin, und eine neue Pflanze entsteht: Ein Zyklus aus Fruchtbarkeit, Tod und neuem Leben. Außerdem lerne ich die sehr wohlschmeckende Frucht der Cicaí-Palme kennen. Auf dem Rückweg besuchen wir noch in Recreio dos Bandeirantes das Museu Casa do Pontal. Dort werden wichtige Ereignisse der brasilianischen Geschichte, Kultur, Religion und Gesellschaft als keine Szenerien beweglicher, bunter, mechanischer Puppen dargestellt: Zuckende und wackelnde Marionetten erzählen das menschliche Elend in einer brasilianischen Goldmiene, die Passion Christi oder die Verhaftung eines Diebes durch einen Polizisten. Kinder drücken immer wieder auf den Knopf, der den Elektromotor startet, um die Puppen tanzen zu lassen. Eine groteske, wortlos- beredte Form, das Wesen eines Landes zu erläutern.

In einem Fachgeschäft für Mineralien bewundere ich tonnenschwere zwei Meter große Drusen voller Edelsteine. In einer Industriehalle irgendwo am Rande der Avendia das Americas bewundere ich eine Schatzkammer, die die Räuberhöhle von Ali Baba leicht in den Schatten stellen würde. In dieser Größe und Pracht kommen Edelsteine in Europa einfach nicht vor. Auch die länglichen, geschwungene, dynamischen Formen der Drusen. Ein reiches Land. Man kann ahnen, welchen Stolz die –zufälligen- Entdecker erfüllt haben mag, als sie dieses prächtige Land das erste Mal gesehen haben. Die verheißungsvollen Ufer eines fernen Atlantis? Ein paradiesisches Utopia? Als der Kapitän Pedro Alvares Cabral am 22.4.1500 auf einer Reise im Auftrag Vasco da Gamas nach Indien das Land - eher zufällig- entdeckte schrieb er über die Begegnung mit den Eingeborenen:

> *„Sie besitzen nicht Eisernes und schneiden Holz und Stämme mit keilförmigen, in Holzstiele geklemmten Steinen, die so gut verschnürt sind, dass sie halten... Sie pflanzen nicht und sie ziehen auch kein Vieh auf. Es gibt weder Rinder noch Ziegen, noch Schafe noch Hühner oder irgendein an das Zusammenleben mit dem Menschen gewöhntes Tier. Sie leben von jenen Manioknollen von denen es hier viele gibt und von den Samen und den Früchten, die Erde und Bäume von selbst spenden. Dabei sind sie viel stärker und wohlernährter als wir, trotz Weizen und Gemüse."*

Inzwischen fühle ich mich in Rio de Janeiro ganz zu Hause. Die anfängliche Scheu ist gewichen. Ich bin fast traurig, dass ich Brasilien wieder verlassen muss. Ich kenne kein Land, das so viel Gegensätzliches in sich vereint und das zugleich so voller spannender neuer Herausforderungen steht, die es zu meistern fest entschlossen scheint. Innerhalb von 10 Jahren, so lese ich in einer offiziellen Presseerklärung, sei die brasilianische Mittelklasse um fast 40 Millionen auf insgesamt mehr als 100 Millionen angewachsen:

> *„This expansion is one of the main consequences of economic growth together with the reduction in the degree of inequality Middle class expansion was characterized mainly by the entry of the formerly underrepresented less privileged social groups. As a result, the Brazilian middle class has become more heterogeneous, harboring, for instance, a significant cohort of both functionally illiterate people and workers who finished middle school, as well as more diverse, with three-fourths of entrants consisting of Brazilians of African descent."*

Anders als andere Schwellenländer orientiert sich Brasilien praktisch überhaupt nicht an US-Amerika. Einen externen Kulturimport braucht das Land einfach nicht. Brasilien muss sich nicht an „Amerika" orientieren, weil es ja selbst Amerika ist. Mit angelsächsisch-protestantischer Siedlerkultur hat es somit wenig tun. Es gibt kaum Gründe, einen fremden Stil zu imitieren, denn das Land stellt einen eigener Kosmos dar und ist sich seiner eigenen Stärke und Größe, seiner eigenen Gravitation durchaus bewusst. Brasilen hat ein ausgeprägtes eigenes Selbstbewusstsein, eine eigene Sprache, Musikkultur, eine reiche Essenskultur. Der afrikanische und südamerikanische Einfluss ist überall spürbar. Das Land ist stets damit beschäftigt, die bestehenden, divergierenden Kulturtraditionen zu absorbieren, zu integrieren, zu bewältigen und nährt hieraus seinen eigenen kulturellen Reichtum. Das portugiesische Erbe hat dem Land, ein würdevolles, stolzes, freundliches aber auch etwas

Printed by Books on Demand GmbH, Norderstedt / Germany